AF563455

RECIT VERITABLE DE CE QVI S'EST PASSE' AVX BARRICADES DE L'ANNE'E MIL cinq cens quatre-vingts huict, depuis le septiesme May, iusques au dernier Iuin ensuiuant.

DESCRITES EN VERS BVRLESQVE.

A PARIS,
Chez MICHEL METTAYER, Imprimeur ordinaire du Roy, demeurant en l'Isle Nostre Dame sur le Pont Marie, au Cigne.
M DC. XLIX.

LES BARRICADES de l'année mil cinq cens quatre-vingts huict.

ENcores que quelque Critique
Trouue que cette Muse antique
Ne soit pas selon son humeur
Pourtant dans mon esprit rimeur
Ie veux raconter vne histoire
Qui n'est pas difficile à croire
Puis que de braues & bonnes gens
Greffiers, Procureurs, artisans
Et autres viuans dans le monde
Doüez de memoire feconde
Dans leur martiale chaleur
Faisans renaistre leur valeur.
Authorisant les escritures
De ces estranges auantures
Et de ces malheurs intestins
Que des engeances de Lutins
Causerent à Dame Lutece
Ie vous diray donc sans finesse
Comme le Seigneur d'Espernon
Qui tousiours a porté guignon
Pour faire voir sa vaillantise
Troubloit & le peuple & l'Eglise
Et que cuidant bien seruir son Roy
Il luy causa grand desarroy
Et fit que maints pauures gens-d'armes
Eurent de bien rudes allarmes
Vn beau matin deuant le iour
Il s'auisa de faire vn tour

Qu'on ne peut dire de souplesse
Ains au contraire de rudesse
Dont il croioit bien voir la fin
Mais il ne fut pas assez fin
Il vouloit nous mettre en brassieres,
Et nous bien tailler des croupieres,
Il declara donc son dessein
A nostre Roy qui trop benin
Fut si simple que de le croire
Ainsi qu'on nous le fait accroire
Dite s'il est, ou s'il n'est pas
Demandez à d'O, & du Gas,
Ce grand soldat plein de vaillance
Bouffy d'orgueil & d'arrogance
qui sous le petit Chastelet,
De malle peur fit plus d'vn pet
A d'Aumont Mareschal de France
A Biron homme de prudence
A ce determiné Grillon
Aussi picquant qu'vn ardillon
Ce grand destructeur de familles
Ce violeur de pauures filles
qui estoit pire qu'vn larron
Et faisoit tant le fanfaron
Et Malinant & beaucoup d'autres
Qui vouloient saccager les nostres
Et qui furent apres heureux
Qu'on les souffrist aller chez eux
Penaux comme fondeurs de cloches,
Ayant espargné leurs caboches.
Pour reuenir à nos moutons
Vn certain nombre d'auortons
Dont estoit le Preuost pereuse
Auec sa trouppe dangereuse
A sçauoir le Comte Escheuin
Angoly, Riolle & Huuin
Et bien d'autres dont la memoire
Soit mise dedans l'onde noire

Ourdirent

Ourdirent vne trahison
Pire que peste & que poison.
Ils vouloient rendre nostre ville
Sovs vn ioug tres dur & seruile,
que des estrangers inconneus
possedassent nos reuenus,
que des Lansquenets & des Suisses
Gens gourmans & pleins de malices
Fussent les maistres dans Paris,
Que des infames fauoris
Qui gouuernent nostre bon Sire
Forgeassent vn nouueau martyre
Dont iamais les Parisiens
N'eussent peu rompre les liens,
Que le Roy vouloit faire prendre
Des Bourgeois pour les faire pendre.
Sans sçauoir ny qui ny pourquoy,
Ce qui causoit vn grand esmoy.
Autres disoient que ces pratiques
Ce faisoient par les heretiques,
Qu'il les falloit tous déchasser
Les autres, que les menacer.
Aucuns qu'il les falloit occire,
Bref tous tendoient à les destruire.
Le conseil par aucuns se tint
Auparauant que la nuict vint,
Qu'on establiroit vne garde
En quelque endroit que l'on regarde.
Estre plus propre & specieux,
A leur dessein pernicieux.
On enuoye par tout cét ordre
Feignant d'euiter du desordre
Disoient-ils, mais sans dire mot
Le Bourgeois qui n'est point tant sot,
Disoit pensons à nos affaires
Campons nous aux lieux necessaires
Chacun face dans son quartier
Son deuoir, il en est mestier

Tenons bien nos armes prestes,
Afin de garantir nos testes.
Nous ne sçauons lequel sera
Sur qui le malheur tombera,
(Car pour vray dans cette occurrence)
Chacun craignoit d'entrer en dance.
Aussi tost dit aussi tost fait.
Chacun s'y porte de bon hait
Et cependant que l'on someille
L'vn fait le guet & l'autre veille
Dont les méchans bien estonnez
N'eurent apres qu'vn pied de nez.
Le Dimanche ensuiuant Peureuse,
Dont la memoire est malheureuse,
Manda querir tous les Archers
De ville, qui ne sont vachers
Puis accompagné de le Comte
Dont nous ne faisons pas grand conte,
Marcha droit vers ce grand pourpris
Ou sont les poudres de Paris,
Communément nommé le Temple,
Où il pensa seruir d'exemple
A tous les gens de sa façon,
Car voulant faire vne leçon
A cette cohorte fidelle,
Il dit, enfans ie ne vous cele
Il faut cette place garder
Et ne la laisser aborder
D'aucun que ce soit qu'on croit estre
A vos Maistres perfide & traistre,
Il faut chasser tous les ligueux
Et perdre ces infames gueux.
Les Archers tres-bons Catholiques
Eurent des estranges coliques,
Ce langage dur & amer
Leur enfla le fiel & la mer,
Et mut bien & beau leur bile,
Que si le Preuost n'eust fait gile

Et le Comte son compagnon,
On leur eust cassé le chignon;
Et depuis sans craindre leur vie
Ny leurs biens, n'eurent plus d'enuie
D'aller auec lesdits Preuosts
Ny tous ennemis du repos.
La nuict comme à l'accoustumée
Le Bourgeois eut la main armée:
Le neufiesme, iour de Lundy
Il s'esleue sur le midy
Par tous quartiers vn grand murmure
Qui tout le reste du iour dure;
C'est que du costé de Soissons,
Auec huict braues champions,
Le Duc de Guise dans la ville
Estoit entré, dont on babille
Et fit que tous les coniurez
Ne furent pas trop asseurez.
Le Duc vers le Louure s'auance
Pour faire au Roy la reuerence,
Ou la Royne mere alla
Et plus de trois heures fut-là,
Comme aussi le Seigneur de Guyse
Ainsi que l'histoire deuise.
La presence de ce Seigneur
Occasionna quelque haineur
De faire croire à nostre Sire
Qu'on en vouloit à son Empire,
Et que maints soldats estrangers
Le menaçoient de grands dangers.
Le Roy tres bon de sa nature
Approuue cette coniecture
Sur les six heures dés le soir
Il commande d'y bien pouruecir;
Que pour euiter plus grand trouble
La garde autour de luy redouble;
Veut que ses Archers soient mandez
Et ses Officiers commandez

De se tenir prés sa personne
Le grand Preuost d'autre part sonne
Que tous estrangers vagabonds
Vuident Paris & enuirons,
Deuant que la nuict fust venuë
Qu'aucun habitant dans la ruë
N'eust à sortir de son logis
Passé neuf heures; & encor pis.
Ce qui causa tres grand tumulte
Pour ne sçauoir ce qu'en resulte
Et puis c'estoit contre la loy
Que leur donna leur premier Roy.
Le mardy au soir on s'assemble,
Vn chacun dit ce qu'il luy semble
Touchant la garde de la nuict:
On fut d'auis sans faire bruit
De cantonner la bourgeoisie,
Saintyon ne le souffre mie
Et dit que ce seroit causer
Vn mal trop fort à appaiser;
Mais le sieur d'O demeurant ferme
Respond aussi tost en ce terme,
Par la morbieu dans cét endroit
Ie n'ay besoin de vostre droit;
Le Roy le veut sans resistance
Il faut luy rendre obeyssance:
Cecy dit vn chacun se tue
Et personne plus ne s'émeut.
Dés le soir douze Capitaines
Auec leurs compagnies plaines
Allerent à sainct Innocent,
Ou le Comte Escheuin tenant
Toutes les clefs du cimetiere
Leur dit, Il ne vous en chaut guiere
Qu'on ferme tout fors vn guichet,
(C'estoit vrayment le trébuchet
(Pour les attrapper sans mot dire;
Et que le Roy pour vous conduire
Vous

Vous enuoye Beauuais Nangis
plusieurs donnerent leurs aduis
Vn de tous dit ie vous asseure
Que la clef des champs est meilleure
Car en cas que soyons surpris
Nous sommes mieux dedans Paris
Ou demeurans dans cette place
Nous sommes tout droit dans la nasse
Et s'il ne nous en aduient mal
Dites que ie suis animal.
Quelques soldats à la mesme heure
Se campent dans la ruë au feure
Dans la ruë sainct Honoré
Chacun prend vn poste asseuré
Le reste dans le Cimetiere
Se range en tres bonne maniere
D'O venant bien accompagné,
Dit contre ce qui est ordonné
Vous abandonnez vostre poste
Aussi tost vn autre resposte
Nous cherchons nostre seureté
Dans nostre plaine liberté
Nous le faisons pour cette cause
D'O s'en va sans dire autre chose
Etonné de ce qu'il entend
Si tost chacun en l'imitant
Se retire en son domicile
Sans qu'aucun branle ny fretille
De mesme on fit en tous quartier
Riolle Maistre Cordonnier
Venant auec toute sa bande
Dont il est chef & qu'il commande
En vn poste voulant entrer
Fut contraint de se retirer
Car la Ruë tres habile homme
Sur le pont sainct Michel qu'on nomme
Commandant, auec ses supposts

Dit l'on ne veut de Huguenots
Arriere, ou de ma haquebutte
Vous feray faire la culbutte.
Incontinant l'autre obeyt
Puis aussi tost le bruit finit
Le matin enuiron quatre heures
Onze enseignes pour chose seure
De Suisses, & plusieurs François
Se rendirent tous à la fois
A sainct Innoceut sans mot dire
Dont le Bourgeois n'eut dequoy rire
Car alors qu'ils furent entrez
Comme des demons enragez
D'vne musique bien bijarre
Firent horrible tintamarre
En mesme temps de tous costez
Soldats se virent apprestez
Le sieur d'O se campe en la Greue
Dont le peuple beaucoup se greue
Malinant au pont sainct Michel
Et du Gas au petit Chastelet
Bonnouurier au Cimetiere
Tenoit vne mine bien fiere
Biron saisit le Marché neuf
Et Grillon entre huict & neuf
Veut de Maubert saisir la place.
Mais il fit bien tost volte face
Car au carfout sainct Seuerin
Ou le peuple est assez mutin
Il fut chargé de telle sorte
Que luy & toute sa cohorte
On fit bien rebrousser chemin
En moins de temps d'vn tourne main.
Deuant Nostre-Dame de mesme
La mort auec sa face blesme
Empauma deux ou trois hardos
Et le reste plia le dos

Et se retint dans le silence
Cependant le peuple s'offense
S'émeut, s'estonne & fait rumeur
Qui se vante d'estre escrimeur
L'autre que depuis trente années
Il hante dedans les armées
Et dit qu'il sçait bien en son cœur
que son pareil ne luy fait peur
Vn autre dedans sa boutade
Commence à faire barricade
Traisne tonneaux porte panniez
Aux chaisnes les plus auisez
S'employent à viste les tendre
L'on n'entend que bruict & esclandre
Les femmes & petits enfans
Clabaudent & vont s'excitans
De trauailler pour se deffendre
En cas qu'on voulust entreprendre
Sur leur vie & leur liberté
Enfin le monde est irrité
De tous costez l'alarme donne
Le soldat dit qu'on luy pardonne
qu'il ne sçait ce que l'on luy veut
Pourquoy contre luy on se meut
Cependant le Bourgeois s'anime
Le mal d'autant plus s'enuenime
On barricade en toutes parts
On voit par tout des estendarts
Des picques & des arquebuses
Font voir qu'à Paris ne sont buses
Le Parlement bien estourdy
En demeure bien esbahy
Testu dans la forte Bastille
Tient ferme comme vné cheuille
Le canon qu'on doit redouter
Est apresté pour deboutter
Tous ceux qui d'vne vaine audace

Entreprendroient sur cette place
L'escolier est tres bien resout
De se tenir sur son bon bout.
Le soldat qui ne sçait que faire
Choisit vn lieu pour se retraire
Le marché neuf dans le peril
Fut le lieu pris pour son exil
Il demande misericorde
Tout aussi tost on luy accorde
Pourueu qu'ils missent les mousquets
Au rastelier, & leurs picquets
C'està bas sans beaucoup le dire
Mais de crainte de vous medire
Ils se retirerent en vn tas
Comme vne botte deschalas
Le Capitaine dit la Ruë
Sur le pont sainct Michel se ruë
Qui fait retirer Malinant
Et le poursuit tousiours battant
Iusqu'au Marché neuf sans remise
Car point ny auoit de feintise
On chargeoit bien d'appointement
D'Aumont dans ce mesme moment
Voulut auec bonne escorte
Du grand Chastel saisir la porte
Mais il fut bien tost rechassé
Et par apres bien repoussé
Auec Biron dans la Calandre
Ou l'on leur fit bien tost apprendre
Le chemin de vidi aquam
Sur peine d'vn bon requian.
Vn gros Capitaine Libraire
Au lieu de vendre son Breuieire
Achepta vn bon pistolet
Qui seruit bien au Chastelet
C'est le petit dont ie vous parle
Puis que dans sa marche le Marle

Fit monter son retranchement
Iusques à cét esloignement,
Depuis sainct Seurin ou le monde
L'auoit basty en forme ronde,
Et lequel fit bien dire adieu
A ceux qui occupoient ce lieu.
Le Roy voyant cette auanture
Ne sçait que faire, il peste & iure
Qu'il en aura bien tost raison
Sur ce arriue Sainct Yon
qui remonstre à nostre bon Sire
Qu'il vousist appaiser son ire,
Que le peuple se souleuoit
Contre celuy qui l'oppressoit
Et restoit sur la deffensiue
Aussi tost le Roy se detriue,
Et faisant treue à son couroux
Commande d'appaiser les coups,
Pour ce faire d'Aumont enuoye
Et d'O: se mit en mesme voye
Pour esloigner tous les soldats
Qui causoient de si grands degats,
Mais le peuple comme canaille
Prit ces Seigneurs pour rien qui vaille,
Et sans faire distinction
Leur fit faire conuersion.
Enfin donc le Conseil auise
qu'il faut mander le Duc de Guyse,
Lequel aussi tost qu'il parut
Le Bourgeois s'appaise & fait chut.
Il fait retirer cette garde
que le Parisien nazarde.
Bien contens d'en estre eschappez,
Promettans ny restre attrappez
Pour vne occasion pareille,
Maudissans celuy qui conseille
Ce dessein & qui les menoit

En ce pernicieux détroit,
Et benissans auec vsure
Cil qu'il les met hors de torture.
Ainsi finit en peu de temps
Le mal que tant de Protestans,
Auoient machiné pour destruire
Le Roy, la Ville, & son Empire.

FIN.

www.ingramcontent.com/pod-product-compliance
Lightning Source LLC
LaVergne TN
LVHW010343230826
846091LV00009B/4006

* 9 7 8 2 0 1 9 9 8 7 7 9 4 *